AF298399

# MÉMOIRE

SUR UNE

NOUVELLE ESPÈCE

## DE BANDAGE

A PELOTE MÉDICAMENTEUSE,

POUR

## LA CURE RADICALE DES HERNIES,

AVEC PLANCHES ET FIGURES,

Par le Docteur J. Lafond.

# OUVRAGES

PRÉCÉDEMMENT PUBLIÉS PAR L'AUTEUR

## M. J. LAFOND.

Recherches pratiques sur les principales difformités du corps humain, et sur les moyens d'y remédier, avec 35 planches, 3 vol. in-4°. . . . . . . . . . . . . . . . . . 3o fr.

Considérations sur les hernies abdominales, sur les bandages herniaires renixigrades, sur de nouveaux moyens de s'opposer à l'onanisme, et sur les anus contre nature. 2 vol. in-8°, avec 24 planches . . . . . . . . . . . . . . 15 fr.

Considérations sur les bandages herniaires usités jusqu'à ce jour, et sur les bandages renixigrades. 1 vol. in-8°, avec 14 planches. . . . . . . . . . . . . . . . . . . . 5 fr.

Considérations sur de nouveaux moyens de s'opposer à l'onanisme, ou Corset contre les habitudes vicieuses. Brochure. . . . . . . . . . . . . . . . . . . . . . . 1 fr.

Exposé succinct des moyens mécaniques oscillatoires, imaginés et employés pour remédier aux déviations de la colonne vertébrale et autres vices de la conformation. Brochure in-8°. . . . . . . . . . . . . . . . . . . 5 fr.

# MÉMOIRE

SUR UNE

NOUVELLE ESPÈCE

# DE BANDAGE

## A PELOTE MÉDICAMENTEUSE,

POUR

## LA CURE RADICALE DES HERNIES;

### Par le Docteur Jalade-Lafond,

Docteur en médecine de la Faculté de Paris, ex-chirurgien des hôpitaux militaires, chirurgien herniaire de S. A. R. le duc d'Orléans et du prince de Waldeck, des hôpitaux et hospices civils, du bureau central, des bureaux de bienfaisance, de charité, etc., membre titulaire de la société de médecine pratique de Paris, membre correspondant de la société des sciences médicales et naturelles de Bruxelles, de la société générale de prévoyance, de la société de statistique universelle, de l'Académie de l'industrie, etc. etc., breveté d'invention, etc.

**DIXIÈME ÉDITION.**

## PARIS.

CHEZ L'AUTEUR, RUE VIVIENNE, 23,

CHEZ BAILLIÈRE, RUE DE L'ÉCOLE DE MÉDECINE, 13 BIS,

A Londres,    }

A Bruxelles,  } même maison.

**1837.**

# RAPPORT

## FAIT A LA SOCIÉTÉ

### SUR LES DIVERS

## BANDAGES THÉRAPEUTIQUES

### DU DOCTEUR JALADE-LAFOND.

### (SÉANCE DU JEUDI 8 MAI 1834.)

## SOCIÉTÉ DE MÉDECINE-PRATIQUE.

### Le Baron Dubois, Président.

Personne de nous, Messieurs, n'ignore les services importans rendus à l'humanité par M. le docteur Jalade-Lafond, sous le rapport des appareils ingénieux qu'il a imaginés, et à l'aide desquels il est parvenu à combattre victorieusement, chez les uns, l'onanisme; chez les autres, à effacer les défauts de la colonne épinière viciée, comme complètement contournée. Ses lits oscillatoires lui ont acquis une réputation aussi juste que méritée, et les mémoires qu'il a publiés sur l'application de ces divers moyens mécaniques lui ont assuré, en France comme en Angleterre, une recommandation digne des travaux auxquels il n'a jusqu'à ce jour cessé de se livrer.

Mais une étude non moins importante pour notre confrère était celle d'arriver à donner aux divers bandages herniaires une perfection qui rendît leur application plus immédiate, et d'amener, s'il était possible, les maladies à un degré probable de guérison, en ajoutant à ses bandages les moyens thérapeutiques.

Vos commissaires s'empressent de vous rendre compte du résultat de leur examen.

Des médecins avaient pensé que la situation horizontale, long-temps prolongée, pourrait être un moyen curatif. Le traitement, tout rationnel qu'il doit être, ne promettait de succès qu'autant que les malades seraient réduits à conserver pendant un temps indéterminé une position en quelque sorte immobile. Des succès, peu nombreux il est vrai, paraissent avoir été obtenus; ils eussent sans doute été plus multipliés sans la difficulté d'obtenir des malades cette longue et indispensable immobilité.

Pour remédier à cet inconvénient, et les malades étant forcés de recourir aux bandages, notre collègue a essayé de faire subir à ceux qu'il emploie habituellement une modification telle, que le ressort étant et demeurant le même que dans les brayers ordinaires, on peut, lorsque la hernie est difficile à maintenir réduite, y substituer le ressort de Camper, également modifié par le docteur J. Lafond, et adopté dans les hôpitaux.

Les changemens se trouvent principalement dans la pelote. Quoique l'auteur lui ait conservé la forme elliptique et bombée, néanmoins, par la disposition des parties qui la composent, elle pré-

sente sur la pelote ordinaire les avantages sui-
vans :

1° Gradation de force dans la compression ;
2° changement d'inclinaison verticale ; 3° élasticité de la pelote ; 4° réservoir destiné à recevoir
les médicamens : Trous multiples pour transmet-
tre les médicamens à la peau correspondant à
l'anneau ; 5° enfin, pelote à air, contenant un
ressort en spirale, pour éviter l'affaissement de
la partie centrale de la pelote.

Ce mécanisme indique que l'auteur a eu non-
seulement l'intention d'empêcher le séjour des
viscères dans l'anneau, mais d'essayer si des
substances de telle ou telle nature, composées
de telle ou telle manière, n'ajouteraient pas à
l'avantage de cette gradation de force dans la
compression, dans l'élasticité et dans le degré
d'inclinaison verticale.

La pelote thérapeutique, imaginée à cet effet
par le docteur Lafond, est elliptique et bombée ;
sa partie intérieure est forée d'une cuvette elliptique. Cette cuvette ou capsule est composée de
quatre lames élastiques, maintenues sur une cinquième lame par des rivets ; le fond est percé
d'une quantité de petits trous formant une espèce
de crible, à travers lequel peut pénétrer jusqu'à
la peau le médicament que l'on introduit dans la
pelote par une charnière extérieure, maintenue
par un verrou à coulisse.

Le docteur Lafond nous a cité plusieurs observations qui démontrent le succès de ces divers

moyens, et tout nous autorise à croire à cette efficacité.

La pelote du bandage, composée de la cuvette à lames mobiles, et garnie de gomme élastique tant extérieurement qu'intérieurement, est au moins aussi compressible, et, suivant M. Lafond, plus facile à supporter que les pelotes ordinaires le plus mollement garnies.

Notre collègue, par l'invention de la pelote creuse et en même temps élastique, pense remédier à tous les inconvéniens que présentent certaines hernies qui ne peuvent être maintenues aussi immédiatement qu'on doit le désirer; avantages qui ne peuvent être offerts, selon lui, par les pelotes composées d'une manière solide et d'un seule pièce.

Pour compléter le système d'élasticité imprimé au mécanisme de ses bandages, et principalement de la pièce qui les constitue essentiellement, M. Lafond a fait voir à vos commissaires une autre pelote élastique à spirale et à air, à l'aide de laquelle il arrive à une guérison aussi radicale que possible. Les faits que notre collègue nous a rapportés paraissent fort concluans. La société espère que de nouveaux succès viendront, dans une matière aussi importante, ajouter à ceux dont elle a entendu les détails avec le plus vif intérêt.

Cette pelote, également creuse, uniquement élastique, ne contient point d'ouverture et doit être plus ou moins remplie d'air, suivant la pression plus ou moins forte qu'on veut obtenir. Comme il est indispensable que la pelote renferme toujours une quantité égale d'air, afin d'éviter que la mobilité ne donne lieu à l'échappement de quelque portion de l'épiploon, ainsi qu'on le voit dans l'usage des pelotes rondes; et comme, malgré toutes les précautions, cet accident pourrait survenir, le docteur Lafond a imaginé d'introduire dans l'intérieur de la pelote un ressort à spirale contenu dans un cylindre creux, et dont l'action, s'opérant en sens divers de la direction du canal, combat continuellement la propension des viscères à s'échapper par cette ouverture.

Vous apprécierez, comme nous avons pu le faire nous-mêmes, les travaux auxquels notre confrère, le docteur Lafond, s'est livré; travaux qui laissent entrevoir que l'amélioration réelle apportée dans la confection de ces divers bandages est déjà un grand pas vers le perfectionnement des moyens mécaniques auxquels l'art médical et l'humanité s'empresseront d'applaudir.

A. Dubois, président.

*Signé* Jacques, vice-président,

Emmanuel Rousseau, Puzin, Tanchou, Nauche, P. Guersent, Moncourrier, Parent, Duhamel, Fl. Léger, Serrurier.

Pour copie conforme,

Le secrétaire-général,

1834.

# MÉMOIRE

### SUR UNE NOUVELLE ESPÈCE

## DE BANDAGE

### A PELOTE MÉDICAMENTEUSE,

#### POUR

## LA CURE RADICALE DES HERNIES.

———————◦———————

Livré depuis quarante ans à l'exercice de la chirurgie herniaire, j'ai cherché, dans le cours de cette longue pratique, à perfectionner les moyens de contention que l'on oppose à cette fâcheuse et souvent redoutable infirmité des hernies, et j'ai été assez heureux pour y apporter d'utiles modifications. Je ne rappellerai pas ici les avantages de mon *bandage renixigrade* ; on pourra en trouver la description dans le traité des hernies, que j'ai publié en 1822. Mais de nouvelles recherches m'ayant conduit à la découverte de nouveaux appareils dont l'expérience a constaté l'efficacité pour la cure radicale des hernies, c'est le résultat de ces études que je livre aujourd'hui à la publicité.

Jusque dans ces derniers temps, le traitement

des hernies dépourvues de complication] semblait restreint aux deux indications suivantes :

1° Réduire la hernie ;

2° La maintenir réduite.

Mais ces deux indications remplies ne donnent encore lieu qu'à la cure palliative, et laissent persister une infirmité dont les conséquences peuvent être d'autant plus graves que les moyens de contention sont moins parfaits.

La cure radicale, réduite à quelques cas tout-à-fait exceptionnels, était encore, il y a quelques années, regardée comme impossible. Cependant on a, dans ces derniers temps, cherché à résoudre ce problême : les essais de M. Belmas, tout ingénieux qu'ils sont, ne paraissent pas avoir jusqu'ici produit des résultats bien positifs et bien concluans. Ceux qu'a entrepris M. Sanson aîné ont été plus heureux; mais la longueur du traitement, la fatigue de la position horizontale que le malade doit garder pendant toute sa durée, seront toujours un obstacle à ce que ce traitement puisse être mis en usage. Peu de personnes, en effet, auront assez de persévérance pour en supporter les ennuis jusqu'à parfaite guérison.

Nous avons cru qu'il serait possible d'arriver au même but que s'était proposé M. Sanson, sans être obligé de soumettre les malades à la nécessité de garder la position horizontale. C'était déjà éloigner d'une méthode de traitement les inconvéniens auxquels peu de personnes auraient la possibilité de s'astreindre.

La guérison radicale d'une hernie peut, en effet, avoir lieu de diverses manières.

Sans parler de la monstrueuse opération de la castration, proposée et exécutée par des gens ignorans, et dont nous avons observé récemment encore un exemple sur un homme de la campagne, à qui on avait amputé, dans son enfance, les deux testicules, pour le guérir de deux hernies congéniales; sans parler, dis-je, de cette opération réprouvée par la morale, par les lois et par la saine chirurgie, nous dirons que la guérison des hernies peut avoir lieu dans les circonstances suivantes :

1° Chez les enfans et les jeunes gens, lorsque la hernie est récente, il suffit quelquefois d'en opérer la réduction avec soin et d'astreindre, pendant un certain temps, le malade à porter un bandage en permanence, afin que la hernie ne puisse se reproduire. Si le sac n'a pas contracté d'adhérences avec les parties environnantes, il est réduit en même temps que l'intestin, ou bien il subit peu à peu la rétraction dans la cavité abdominale. En même temps les ouvertures herniaires, momentanément dilatées, se resserrent graduellement, et tout rentre dans l'état normal.

2° Ou bien, si le sac est irréductible, la pression permanente à laquelle son col est soumis peut en amener l'adhésion et l'oblitération. Si c'est une hernie ombilicale, l'ouverture herniaire peut être oblitérée par une sorte de cicatrice fibreuse.

Dans les diverses circonstances que nous venons d'examiner, une chose est nécessaire pour la cure radicale des hernies, c'est leur réduction parfaite d'abord, puis l'usage invariable d'un bandage qui oppose un obstacle invincible à leur reproduction; mais il s'en faut de beaucoup que toutes les hernies puissent être guéries radicalement par ce moyen, alors même que le traitement est suivi avec le plus d'exactitude. Les cures de cette nature sont même, comme nous l'avons dit, des cas exceptionnels.

3° Les ouvertures, ou plutôt les canaux herniaires, peuvent être oblitérés par le tissu cellulaire graisseux, chez des personnes chez qui l'embonpoint succède à la maigreur ; mais c'est une forme de guérison que l'art ne peut produire.

4° Enfin la guérison peut encore être la suite des adhérences qui s'établissent après les opérations des hernies étranglées (1).

Si, au moyen de la réduction et de la contention permanente, on peut dans quelques cas ob-

---

(1) Depuis que la première édition de ce Mémoire a été publiée, les essais ont été nombreux pour obtenir une cure radicale, soit au moyen du bistouri, d'épingles, de ligatures, soit à l'aide de bandages prétendus nouveaux; si nous ne disons rien de ces divers moyens, si nous nous dispensons d'en examiner la valeur, c'est que les succès ne nous semblent pas avoir répondu aux espérances que l'on pouvait concevoir. — Nous reviendrons sur cet examen dans le nouvel ouvrage à la rédaction duquel nous travaillons en ce moment.

tenir la cure radicale des hernies, il est évident
que l'on pourra multiplier ces heureux résultats
si l'on parvient à favoriser la rétraction des ouvertures dilatées, ou l'oblitération des cols de
sacs herniaires non réductibles, par une inflammation adhésive. C'est à quoi nous sommes par-
venus au moyen de bandages nouveaux, qui ré-
unissent le double avantage de bien contenir la
hernie, et de diriger constamment sur la peau,
avec laquelle la pelote est en contact, des substances médicamenteuses dont l'effet est de provoquer le resserrement des ouvertures herniaires,
ou un degré d'irritation suffisant pour amener
l'oblitération du collet du sac.

La pelote de ces bandages, que l'on peut, suivant les circonstances, rendre parfaitement élastique, ou priver de toute élasticité, contient un
réservoir pour loger les substances médicamenteuses ; recouverte en gomme élastique préparée,
et percée de trous pour livrer passage à ces médicamens, elle est adaptée à des ressorts de force
variable, suivant les circonstances. C'est sur la
bonne disposition de ces pelotes, sur les médicamens qu'elles contiennent et qu'elles mettent
constamment en contact avec la peau, que repose
toute l'efficacité du traitement ; bien entendu
que la réduction des hernies doit être parfaite et
permanente.

L'action des médicamens doit être convenablement dirigée : modérée d'abord, elle ne devra provoquer que graduellement l'irritation de

la peau et des tissus sous-jacens. Cette irritation
ne devra jamais être portée jusqu'à l'inflammation aiguë; elle ne doit même pas empêcher les
malades de marcher ou de vaquer à leurs affaires. Il est à peine nécessaire de dire que l'ac-
tivité des médicamens sera subordonnée aux
diverses circonstances d'âge, de sexe, d'irritabi-
lité individuelle. Si l'irritation des tissus s'éle-
vait jusqu'à l'inflammation, il faudrait suspendre
momentanément le traitement pour recourir aux
antiphlogistiques : un léger degré d'inflammation momentanée pourrait bien ne pas être inu-
tile pour provoquer ou hâter la guérison.

Lorsque, par suite de l'emploi plus ou moins
long-temps continué du bandage à pelote médicamenteuse, on est parvenu à s'opposer à la reproduction de la hernie, au moins tant que le
malade n'est pas soumis à des efforts considé-
rables, on ne peut encore regarder la guérison
comme parfaite ; les ouvertures qui livrent passage aux organes herniés n'ont pas encore acquis
assez de solidité pour résister à des efforts souvent même modérés; il est encore nécessaire de
soumettre le malade à l'usage d'un bandage qui,
par une pression douce et élastique, s'oppose à
l'issue des intestins en fortifiant les ouvertures
herniaires, et opère *la consolidation* de la cure
radicale, dernière indication qui reste alors à
remplir.

Je ne m'arrêterai pas plus long-temps sur la
partie théorique de mes bandages ; car, comme

,le perfectionnement que je crois avoir trouvé est purement pratique et qu'il est très simple, la seule indication du fait doit suffire, et c'est à l'usage d'en confirmer toutes les qualités. Je me hâte de passer aux observations, seul moyen de constater les prévisions de la théorie et d'établir la prééminence d'un moyen thérapeutique sur tous les autres.

Première observation. — M. G***, coiffeur de profession, âgé de 25 ans, d'un tempérament sanguin, fortement constitué, assez maigre, mais ayant joui toujours d'une bonne santé, vint me consulter le 3 avril 1832.

Il était affecté depuis trois ans d'une hernie qui lui était survenue à la suite d'un écart fait pour sauter. Cette hernie, peu volumineuse, était située à la partie interne de l'aine et supérieure des bourses; elle côtoyait le cordon des vaisseaux spermatiques, en dehors du canal inguinal, pendant un espace de 6 à 8 lignes, lorsqu'elle était abandonnée à elle-même, et rentrait dans l'abdomen sans trop de difficultés. — L'anneau était peu dilaté.

Son état moral était affecté, et par la présence de sa hernie, et par la conviction où il se trouvait qu'une hernie était chose incurable.

M. G*** portait un bandage à double pelote. Le bandage était bien fait, mais le ressort et les pelotes se trouvaient beaucoup plus forts que ne le comportait l'état de la hernie. La pelote postérieure portait sur le sacrum, maigre et saillant. La nécessité où se trouvait M. G*** de changer la position de cette pelote, pour calmer la douleur qui lui occasionait cette pression, dérangeait l'action de la pelote antérieure: de sorte qu'il comprimait tantôt la partie supérieure, et tantôt la partie inférieure de l'anneau; que souvent, dans ce dernier cas, il provoquait un tiraillement, une vive douleur, qui coupait la respiration. Il n'était pas

2

difficile de conclure que la compression du cordon des vaisseaux spermatiques était la seule cause de ces accidens.

Je commençai par tranquilliser le malade en lui expliquant la cause de ses souffrances et les moyens d'y porter remède.

Je lui plaçai un bandage ordinaire, mais embrassant légèrement toute la circonférence des hanches, et contenant parfaitement la hernie.

M G*** revint me voir toutes les semaines, content d'être délivré des incommodités de son premier bandage, mais se plaignant de porter une infirmité dont il croyait ne pouvoir guérir.

Je tentai sur lui la cure radicale par les moyens précédemment indiqués. Le succès surpassa mon attente. Dans l'espace de six mois et demi la guérison fut complète, sans que dans le cours du traitement le malade eût été obligé de négliger ses occupations. Pendant trois mois, pour assurer davantage la guérison, je conseillai à M. G*** l'usage d'un bandage simplement contentif. Depuis près de deux ans que la hernie a cessé d'être contenue, elle ne s'est plus reproduite ; de sorte que l'on peut regarder la cure comme complète et radicale.

DEUXIÈME OBSERVATION. — M. H***, ancien négociant, âgé de 31 ans, et présentant les mêmes apparences extérieures que M. G***, mais doué de plus d'embonpoint, portait une hernie inguinale depuis six ans, sans pouvoir assigner de cause à son apparition.

Lorsqu'il vint me consulter, le 11 novembre 1832, je trouvai la hernie peu considérable, mais sortant facilement, malgré la présence d'un bandage fait à Paris. Ce bandage, par suite de la construction défectueuse du ressort, n'agissait nullement sur l'anneau, que je trouvai assez dilaté : il comprimait seulement le cordon des vaisseaux spermatiques, son action se portant tout entière sur l'arcade du pubis.

— 19 —

Je commençai par substituer à ce bandage un autre ban
dage plus simple, mais à ressort assez fort, et je le continuai pendant quatre mois et demi, époque à laquelle le
malade pouvait marcher doucement, sans que la hernie
s'échappât. Ce premier succès encouragea M. H***, et le
décida à essayer le traitement radical.

Je lui appliquai donc, le 7 mars 1833, un bandage thérapeutique, dont l'usage fut continué jusqu'au 24 août de
la même année. A cette époque nul effort de toux ne pouvait faire engager rien dans le canal inguinal.

Je lui conseillai alors de reprendre son premier bandage, et de le porter encore pendant trois mois.

Je considère M. H*** comme parfaitement guéri, bien
que je ne l'aie pas revu depuis.


Troisième observation. — M^me D***, âgée de 22 ans, mère
de deux enfans, blonde, d'un tempérament bilieux-lymphatique, aux chairs molles et rosées, fut atteinte d'une
hernie ombilicale lors de sa première couche.

Venue à Paris dans l'hiver de 1832, elle me fut adressée
par l'un de mes clients, qui, lui-même, ne put se décider à
entreprendre une cure radicale, et se confia à mes soins.

La hernie était ombilicale, du volume d'une prune de
reine-claude, facile à réduire, mais ne rentrant que rarement : l'anneau présentait deux lignes de diamètre.

M^me D*** portait un bandage ordinaire, à pelote plate,
heureusement peu fort, mais qui tenait continuellement sa
hernie dans un état de compression augmentée par le corset dont cette dame faisait usage, ce qui donnait lieu fréquemment à des maux d'estomac et à des défaillances.

Pour remédier à ces accidens, j'employai un bandage à
pelote convexe, contenant parfaitement la hernie réduite
(Pl. I., fig. 1^re). Les défaillances et les maux d'estomac ne
tardèrent pas à disparaître par le seul emploi du bandage.

M^me D*** se décida facilement à tenter une cure radicale
dans l'espoir de se trouver débarrassée de son bandage.

2.

Elle consentit à demeurer à Paris le temps nécessaire à sa guérison.

Le corset fut supprimé, et j'employai les moyens thérapeutiques dont j'ai déjà parlé. Cette dame suivit son traitement avec une exactitude et une patience admirables pendant quatre mois, à la fin desquels l'oblitération de l'anneau ombilical était complète.

Pendant le cours du traitement, je suspendis huit jours l'usage du bandage, à cause de quelques coliques qui se manifestaient, surtout lors son application.

J'ai vu cette dame, pour la dernière fois, le 8 mai 1832; le bandage thérapeutique était alors remplacé par un bandage contentif, que je conseillai à M<sup>me</sup> D*** de conserver encore pendant quelques mois, bien qu'il n'y eût plus chez elle de traces de hernie.

QUATRIÈME OBSERVATION. — M. de N***, âgé de 38 ans, négociant, demeurant à Paris, assez replet, fortement constitué, d'un tempérament bilioso-sanguin, fut atteint d'une hernie inguinale il y a environ dix ans.

Pendant tout ce temps, il dit avoir fait usage de bandages sans en avoir interrompu l'application. Lorsqu'il vint me voir, au mois de février de l'année 1833, il était fatigué par des coliques et des nausées qui se répétaient souvent, surtout dans les temps humides.

Le bandage qu'il portait avait une pelote très-bombée dans sa partie supérieure, et dirigée directement en haut, en sorte que son action s'exerçait au-dessus de l'anneau, laissant glisser la hernie jusque dans le scrotum.

J'eus recours à un autre bandage, dont la pelote recourbée embrassait et le canal inguinal et l'arcade du pubis. Au bout de quelques jours l'inquiétude de M. de N*** avait entièrement disparu, car sa hernie ne sortait plus, et il n'éprouvait plus ni malaise, ni coliques, ni nausées.

Cette amélioration dans sa position le décida à entreprendre une guérison radicale.

Je commençai le 11 juin suivant l'application d'un bandage thérapeutique. Le traitement fut continué pendant huit mois, et tout ce que je pus obtenir ce fut la disparution de la hernie, mais non l'oblitération de l'ouverture herniaire; cependant il ne s'était développé aucun symptôme fâcheux, et le traitement me parut suivi avec exactitude.

Au mois de janvier dernier, désespérant d'obtenir un résultat plus satisfaisant, je discontinuai l'usage de mes moyens thérapeutiques, et je plaçai à M. de N*** un bandage contentif, que je n'ose lui conseiller d'abandonner aujourd'hui.

Cette observation prouve que la cure radicale d'une hernie peut avoir lieu sans que l'ouverture herniaire soit oblitérée ou même rétrécie. Il est probable que, suivant l'opinion de quelques auteurs, le sac est devenu le siége d'une inflammation adhésive qui en a provoqué l'oblitération, et a ainsi fourni un obstacle à l'issue de l'intestin à travers l'ouverture herniaire.

Cette opinion, vraie dans certains cas, nous semble avoir été trop généralisée.

Cinquième observation. — M. G***, propriétaire à.........., département du Cher, âgé de 27 ans, était affecté depuis deux ans d'une hernie inguinale, dont il avait eu soin de cacher l'existence à toute sa famille.

Désirant se marier, il vint à Paris au printemps de l'année 1832, et me demanda conseil, le 28 avril de la même année, pour savoir si la guérison était possible.

M. G*** était d'un tempérament sanguin, fort en couleurs, bien musclé et jouissant d'une excellente santé. Sa hernie était peu volumineuse, mais il était abattu par l'idée qu'une femme ne consentirait jamais à épouser un homme frappé d'une pareille infirmité.

Aussi fut-il facile à persuader, et je dois dire que je n'ai jamais rencontré une docilité plus grande. Tout ce que je pus lui prescrire fut observé avec une ponctualité remarquable. L'anneau ne présentait que peu de dilatation, et la seule chose que je doive rappeler de son traitement, c'est que je fus obligé de le suspendre pendant vingt jours, par suite d'une inflammation érysipélateuse qui envahit toute la région de l'aine.

M. G*** me fit savoir qu'il était sujet à des éruptions cutanées tous les ans, et celle-ci lui sembla devoir être une conséquence de son tempérament. Je craignis d'abord que cela ne fût dû à l'application des moyens que j'employais; mais, comme cet accident ne s'est renouvelé que chez un autre malade, et sans aucune suite fâcheuse, j'ai dû me rassurer sur les conséquences. Au reste, comme je l'ai dit, un degré d'inflammation ne saurait être une chose défavorable; elle facilite les adhérences nécessaires à la guérison.

La guérison de M. G*** était complète après deux mois et demi. Il voulut cependant continuer l'usage d'un bandage contentif, pendant le même espace de temps, pour être assuré que la hernie ne reparaîtrait plus.

M. G*** est reparti dans sa terre au mois d'août; il s'est marié, et m'a écrit deux fois pour me remercier, en m'assurant qu'il commençait lui-même à douter s'il avait jamais eu une hernie.

Sixième observation. — M. D***, aujourd'hui prince régnant, était affecté d'une hernie depuis la première année de sa naissance. Il était âgé de 17 ans quand il vint me consulter : fort et très-bien constitué, il suivit mes prescriptions avec la plus grande docilité, et j'en avais besoin, car ce fut, pour ainsi dire, mon premier coup d'essai.

La hernie était inguinale et presque entièrement épiploïque. Je dirai, en passant, que les hernies de ce genre sont dans la plupart des cas très-difficiles à maintenir réduites. L'anneau n'était pas très-dilaté, mais la partie herniée était assez volumineuse.

J'eus d'abord assez de peine à faire un bandage parfaitement contentif : après neuf semaines de l'usage de ce bandage, j'entrepris le traitement radical, qui fut assez long
et assez fatigant ; car alors je n'étais pas encore parvenu à
faire des pelotes creuses et élastiques, dont le principal
avantage est de maintenir constamment les substances
médicamenteuses en contact avec la peau, sans jamais
nuire à la sûreté de la contention de la hernie.

Les moyens que j'employais chez M. D*** consistaient en
frictions faites avec des substances astringentes liquides,
répétées chaque jour, pendant une heure, avec la précaution de faire garder au malade la situation horizontale
pendant deux heures au moins, avant cette petite opération, afin d'éviter que la hernie, qui avait beaucoup de
tendance à se reproduire, ne sortît au moment de la levée
du bandage. Après la friction, je laissais sur la peau le linge
imbibé de liquide astringent.

Malgré la persévérance et la docilité de M. D***, la guérison n'était pas encore complète après sept mois de traitement. Je cessai alors de lui donner des soins, parce qu'il
fut obligé de rentrer dans sa patrie. Néanmoins il continua
chez lui l'usage d'un bandage contentif pendant deux ans,
époque à laquelle il put le quitter sans que la hernie se
soit jamais reproduite.

Un frère, plus jeune que lui de trois ans, m'a depuis
consulté pour une hernie commençante et peu ancienne.
Chez lui j'ai fait usage de mes bandages thérapeutiques. La
hernie était peu volumineuse, récente, le malade jeune
et docile, les moyens de traitement perfectionnés, aussi la
guérison fut-elle complète au bout de trois mois.

Septième observation. — M. F***, homme de cabinet, âgé
de 33 ans, d'une constitution débile, maigre et nerveux,
portait une hernie inguinale depuis une douzaine d'années,
lorsqu'il me fit demander.

Cette hernie, qui descendait dans le scrotum, était formée par l'épiploon et l'intestin. Le dernier se réduisait fa-

cilement, mais la partie épiploïque présentait plus de difficultés. Rarement elle était réduite, et presque toujours
comprimée par la pelote du bandage dont se servait M. F***
pour la combattre; M. F*** portait un bandage comprimant cette dernière partie au lieu de la contenir.

La première fois que je le vis, un petit abcès s'était développé dans l'aine, au-dessous et en dehors de l'anneau.
La position demi-fléchie qu'affectait M. F***, la pression
habituelle du bandage sur ce point, en avait sans doute
déterminé la formation. J'en fis l'ouverture : il en sortit
un pus demi-floconneux, peu abondant, mal élaboré et
d'une couleur brunâtre; c'était la partie comprimée de
l'épiploon qui l'avait fourni.

Je comptais sur cette inflammation pour la gérison radicale, mais mes espérances furent déçues.

J'eus donc recours à un bandage convenablement fait
pour contenir la hernie.

Je ne croyais pas que mes moyens thérapeutiques pus-
sent avoir aucune chance de succès dans cette circonstance;
mais M. F*** me tourmenta tellement, qu'au bout d'un
mois je consentis à les essayer.

L'anneau présentait une ouverture de 3 à 4 lignes de
diamètre: je résolus d'employer des moyens un peu plus
actifs que ceux auxquels j'avais recours d'habitude, bien
convaincu de leur insuffisance. Le onzième jour, il se déclara une assez vive inflammation du bas-ventre, qui
m'obligea d'en suspendre l'application.

Trois semaines après, même essai, même résultat.

Je refusai donc de les continuer.

Cependant, le quatrième mois, M. F*** vint me prier de
recommencer, et ses instances furent si vives, que je n'eus
pas la force de persister dans ma résolution.

Je ne voulus pas néanmoins faire d'autres applications
que celles que j'employais habituellement : je les continuai
pendant quatre mois et demi, et je ne fus pas peu étonné

de trouver à cette époque une guérison aussi complète que possible.

Depuis le mois de février jusqu'à la fin de mars, M. F*** a porté un bandage de précaution. Aujourd'hui il ne porte plus rien.

Huitième observation. — Mme la marquise de R*** vit paraître, après sa première couche, à la partie supérieure de la cuisse gauche, une tumeur peu volumineuse qui l'inquiétait beaucoup. Je reconnus facilement une hernie crurale formée par l'intestin.

La peau du ventre était flasque et sans élasticité. Je fis un bandage mince, en même temps que je conseillai, tant que Mme de R*** serait dans le lit, des compresses trempées dans une décoction de quinquina : ces compresses étaient maintenues par une ceinture qui relevait, soutenait et comprimait modérément l'abdomen.

Ces moyens furent continués pendant sept semaines, après lesquelles j'entrepris une cure radicale : le traitement ne dura que 93 jours. L'anneau était alors parfaitement oblitéré.

Mme de R*** a continué pendant cinq mois à porter un bandage : au bout de ce temps elle l'a quitté, et la hernie n'a jamais reparu.

Neuvième observation. — M. D. V***, âgé de 36 ans, d'un tempérament bilieux, phlegmatique, tres-emporté, assez chargé d'embonpoint, portait depuis plusieurs années une hernie inguinale du côté droit : cette hernie avait toujours été fort mal contenue par l'usage des bandages à pivot (1).

C'était un bubonocèle du volume d'un œuf de poule : l'anneau présentait environ trois à quatre lignes de diamètre.

---

(1) Qu'il me soit permis de dire en passant qu'on ne saurait rencontrer un système de contention plus funeste par ses résultats pratiques.

M. D. V*** éprouvait journellement des coliques, il allait souvent à la garde-robe, et ne se trouvait soulagé que dans une position horizontale. La vie, me disait-il, lui était à charge; il était réellement fatigué de souffrir.

L'impossibilité dans laquelle il était de jouer de la clarinette, son instrument de prédilection, était pour lui une privation des plus pénibles.

Son traitement fut commencé le 13 mars 1833 : les premières applications agirent sur le tissu dermoïde assez vivement pour m'obliger à les suspendre pendant quelques jours : je diminuai ensuite l'action des médicamens.

Cependant l'irritation se renouvela avec intensité; il survint une éruption pustuleuse qui dura près de quinze jours ; l'affection fut locale et ne développa point de fièvre.

Ce ne fut que le 10 mai suivant que je recommençai mes applications, mais avec plus de ménagement encore, et je les continuai jusqu'au 26 juillet, en augmentant graduellement leur concentration.

M. D. V*** éprouva alors dans la fosse iliaque un sentiment assez douloureux pour me faire craindre une inflammation du péritoine; le pouls était vif, la langue sèche. Je cessai aussitôt mes applications, je pratiquai une petite saignée, et je fis appliquer des fomentations émolientes. La douleur cessa et ne reparut plus.

Le traitement fut repris le 12 et continué jusqu'au 8 octobre suivant.

L'anneau était alors revenu à son état naturel, et la hernie ne se représentait plus qu'à l'orifice interne de l'anneau.

Le bandage fut continué pendant deux mois encore, et la hernie était alors entièrement disparue. Je voulais faire continuer plus long-temps l'usage d'un bandage de précaution; mais M. D. V*** n'y voulut pas consentir, malgré toutes mes représentations. Il avait besoin de partir pour la campagne, et, lors de son retour à Paris, le 3 janvier, je n'aperçus, malgré mes craintes, aucune apparence de hernie.

Les inflammations répétées dont la région de la hernie a été le siége superficiellement et profondément , n'ont sans doute pas peu contribué à la guérison ; mais elles nous montrent que chez les individus irritables on doit surveiller l'action des substances médicamenteuses mises en usage, afin de combattre immédiatement les accidens qui pourraient se manifester.

Dɪxɪèᴍᴇ ᴏʙsᴇʀᴠᴀᴛɪᴏɴ. — **M. G*****, âgé de 30 ans, employé dans un bureau, brun, d'une forte constitution, et n'ayant jamais été malade, s'est aperçu vers la fin de l'année 1825 d'une tumeur ayant son siége à l'aine du côté droit : cette tumeur, à laquelle **M. G***** ne pouvait assigner aucune cause, était peu volumineuse, indolente, ne gênant pas encore la marche ni les exercices du corps, lorsqu'un ami lui déclara que c'était une hernie et le mena rue Mandar, où il lui fut donné un bandage simple, contenant mal la hernie ; la présence de ce bandage occasionait vers le soir des douleurs que les tentatives de réduction exaspéraient toujours.

C'est en 1833 seulement, le 14 octobre, que M. G*** vint me consulter : je reconnus, en outre, une seconde hernie inguinale, siégeant au côté gauche : M. M*** était donc affecté de deux hernies, dans l'état suivant.

1°. — *Hernie inguinale droite* : cette hernie était complète et descendait dans les bourses , en accompagnant le cordon jusqu'à la partie supérieure du testicule , dont elle aurait pu paraître une dépendance, si l'on n'eût fait attention qu'à l'apparence de la tumeur ; mais la séparation de cet organe était assez distincte : cette tumeur, longue de deux pouces environ, depuis l'anneau jusqu'au testicule, et renfermée dans l'enveloppe du cordon, présentait des alternatives de mollesse et de dureté, mais elle était dure le plus souvent, et alors elle devenait très douloureuse, en même temps qu'elle opposait une résistance insurmontable aux tentatives de réduction.

— Au dessus et un peu en dehors de cette tumeur, dans le canal même, entre sa paroi interne et l'enveloppe du cordon, existait une seconde tumeur dépassant l'anneau d'un demi-pouce à peu-près, molle, souple, rentrant facilement et ne causant jamais de gêne.

Du reste, le volume et la dureté de l'une comme de l'autre augmentaient instantanément par les moindres efforts de toux et par l'éternuement.

L'anneau présentait une dilatation assez grande pour permettre l'introduction d'une pièce de quarante sous.

2°. — *Hernie inguinale gauche :* cette seconde hernie, formée uniquement par une anse intestinale, ne descendait presque pas en dehors de l'anneau; elle était souple, molle, et rentrait avec la plus grande facilité.

Je fis à M. M*** l'application d'un bandage circulaire à deux pelotes ( Pl. IV, *Fig.* i, iii ).

Quatre mois après, la hernie du côté ganche était complètement guérie; vers le septième mois, M. M*** essaya de marcher sans bandage, sans avoir pris mon avis. Il fit une chute, et il reparut à l'aine du côté droit une tumeur de la grosseur d'un œuf, douloureuse, très dure, marronnée et complètement irréductible; je me trouvai en consultation avec M. le professeur Lisfranc, qui depuis m'a adressé d'autre malades, et par les sages avis duquel on se contenta de faire des frictions avec une pommade d'iodure de potassium.

Le onzième jour, la hernie rentra et le bandage fut réappliqué. Depuis ce temps, M. Lisfranc a revu plusieurs fois le malade; et la hernie n'ayant plus reparu, nous fûmes d'avis de cesser l'usage du bandage et des poudres médicamenteuses, le 11 août de l'année suivante.

A cette époque, l'index pouvait entrer dans l'anneau, mais il ne pénétrait point dans le canal.

Depuis lors, M. G*** n'a plus porté de bandage, la her-

, nie n'a point reparu, et aucun symptôme ne peut en faire soupçonner l'existence.

L'observation suivante va nous fournir un exemple de guérison par la seule action d'un bandage contentif, sans usage des médicamens astringens ou irritans que nous employons dans la plupart des cas ; pour être vrai, nous avons dû signaler des faits qui prouvent que la compression seule suffit dans quelques cas pour opérer la cure radicale des hernies, mais dans quelques cas seulement ; car la majeure partie des hernies se reproduisent presque constamment lorsqu'elles cessent d'être contenues.

Onzième observation. — M. B***, âgé de 45 ans, d'un tempérament sanguin, portait une hernie volumineuse : depuis douze ans cette hernie avait été considérée, par les médecins qui avaient été consultés, comme adhérente, et, comme telle, devant être soutenue par les suspensoirs.

M. B*** vint me consulter : sa hernie me parut épiploïque et de difficile réduction ; cependant j'espérai pouvoir parvenir à la réduire.

Je fis placer le malade dans la position horizontale exigée pour pratiquer l'opération du taxis.

Je soulevai la tumeur verticalement en la comprimant avec les deux mains. Bientôt le bruit résultant d'un déplacement de gaz me prouva que la hernie contenait une anse d'intestin, dont la réduction venait de s'opérer. L'anneau inguinal, peu dilaté, étranglait la portion épiploïque de la hernie, qui s'étalait au devant de lui comme un champignon. De nouvelles manœuvres de taxis me procurèrent de nouvelles réductions partielles probablement d'épiploon, mais en petite quantité. Encouragé par ces premiers succès, je laissai le malade dans la même position pendant une heure, en faisant tenir la tumeur relevée par un aide ( procédé de M. le baron Dupuytien ). Une forte saignée fut pratiquée, je recommençai le taxis, qui me procura une autre réduction, mais beaucoup plus considérable. Certain d'obtenir la réduction complète avec de la persévérance, je proposait à M. B*** de passer la nuit dans la même position, ce qu'il accepta sans difficulté.

Pour éviter la nécessité d'avoir constamment un aide auprès du malade pour soutenir la hernie, je remplis cette indication au moyen d'un appareil momentané qui ne permettait pas à la hernie de se déplacer. La tumeur, déjà réduite à la moitié de son volume, n'était plus le lendemain que le quart de son volume primitif.

De nouvelles tentatives de réduction furent faites, mais elles furent infructueuses, et je pratiquai une seconde saignée, qui n'eut pas de résultat plus avantageux ; ce qui restait encore (le quart environ de la totalité) était granuleux et représentait assez bien la forme de gros grains de chapelet. Les plus gros étaient à l'embouchure de l'anneau ; de légères pressions, une sorte de pétrissage, me permirent de les présenter à l'anneau, de les y introduire et de les diriger dans l'abdomen. J'obtins donc par ces moyens la réduction, la peau qui recouvrait la hernie était flasque ; des compresses d'acétate de plomb à froid rétablirent bientôt sa contractilité.

Un bandage circulaire un peu fort, et d'action bien diamétrale, maintint cette hernie bien réduite ; ce bandage n'a été renouvelé qu'une fois, deux ans après, et ensuite la hernie, abandonnée à elle-même, n'a plus reparu.

Douzième observation. — M. le comte D***, âgé de 42 ans, pituiteux, montait beaucoup à cheval. Il avait eu dans sa jeunesse une hernie inguinale du côté droit, qui disparut quelque temps après par l'application d'un bandage et d'un emplâtre souvent renouvelé.

Pendant plus de vingt ans la guérison de la hernie parut

bien consolidée ; mais elle reparut à la suite des efforts de toux provoqués par un gros rhume.

Confiant dans les soins de la femme qui l'avait traité et guéri la première fois, il se rendit à Besançon, où elle demeurait autrefois ; mais elle n'existait plus. Il eut alors recours aux bandages ordinaires, qu'il porta pendant six ans. C'est au bout de ce temps qu'il se confia à mes soins. Sa hernie avait franchi l'anneau ; le bandage à bascule qu'il portait comprimait le canal inguinal et la partie supérieure de l'anneau ; mais la partie inférieure et externe de la pelote laissait un vide qui permettait à l'intestin de glisser en bas et en dehors, malgré la présence du bandage qui devenait nuisible par la pression exercée par la pelote sur la portion d'intestin herniée. La hernie était du volume d'une forte olive, présentait quelques difficultés à la réduction, mais elle était réductible ; elle était constamment douloureuse, et comme on peut bien le penser, provoquait des défaillances et des nausées ; c'était un bubonocèle qu'on aurait pu prendre pour une hernie crurale, par sa forme comme par la direction de sa rentrée. C'est dans cet état que j'entrepris la cure avec pleine confiance dans la réussite, malgré l'âge du malade.

Un bandage de moyenne force, surmonté d'une pelote à réservoir (1), un peu plus étendu en largeur, en dehors et en bas, que d'habitude, garni d'un coussin, fut présenté et fixé à l'aine pour m'assurer de la parfaite contention de la hernie, et habituer le malade à la compression permanente : persuadé de la parfaite contention, huit jours plus tard j'entrepris le traitement, qui fut interrompu pendant quarante jours pour cause de départ.

Au retour de M. D***, le traitement fut repris de nouveau et continué avec persévérance. M. D*** avait même la précaution de garder la plupart du temps la position

---

(1) Mes pelotes élastiques métalliques n'existaient pas encore, mais j'étais à leur recherche.

horizontale. Au bout de quatre mois la hernie avait disparu, l'anneau était réduit à son état naturel; un bandage
moins fort, mais à pelote aussi ferme, a, pendant deux
mois, remplacé le bandage à réservoir; et un troisième,
moins fort encore, mais de précaution, porté pendant deux
autres mois, a terminé le traitement.

Cette cure, comme beaucoup d'autres, éton-
nera peut-être quelques médecins, et cependant
c'est une de celles qui sont le plus faciles à obtenir : les médecins changeront d'opinion quand
ils réfléchiront au petit volume de la hernie, à
son irritation constante, et à celle de l'anneau,
qui pour s'oblitérer n'attendait que la réduction
complète et le maintien de la hernie dans l'abdomen. Je pense que la moitié des hernies de
cette nature se terminent par la seule application permante d'un bon bandage et doivent guérir par l'oblitération de l'anneau.

Aux douze observations précédentes, publiées
dans la première édition de ce mémoire, je pourrais aujourd'hui en ajouter cent six, recueillies
depuis cette époque avec une exactitude beaucoup plus minutieuse; mais par suite même de
cette exactitude, on n'y verrait ici qu'une longue et fastidieuse énumération ; elles seront
mieux placées dans un autre mémoire.

Je me contenterai d'en extraire un petit nombre, à l'appui des propositions suivantes, qui
pour moi sont présentement des vérités incontestables :

1° Le traitement radical des hernies par les

bandages à pelotes médicamenteuses est un fait certain.

2° Il est également efficace dans les hernies inguinales, crurales et ombilicales.

3° On ne peut pas assigner de limites à la durée de la guérison obtenue par ce traitement.

I. *Le traitement radical des hernies par les bandages à pelotes médicamenteuses est un fait certain.*

A l'appui de cette proposition, je me contenterai de citer les deux observations suivantes (1) :

Treizième observation. — En tournant un laminoir, à l'âge de 14 ans, M. *** sentit venir une grosseur dans l'aine du côté droit, on y appliqua de la crasse de meule avec du vinaigre très-fort ; ce moyen ne fut continué que peu de jours.

Trois ans après, la hernie ayant pris un nouvel accroissement, M. *** se décida à porter un bandage ; la hernie, m'a-t-il dit, ne dépassait pas l'anneau.

Ce bandage fut porté sans interruption pendant quatre ans, depuis l'âge de 17 jusqu'à 21 ans : de 21 à 23 la hernie n'a pas reparu, bien que l'emploi du bandage ait été abandonné ; ensuite elle est revenue sans cause manifeste, mais peu à peu, et elle a fait des progrès assez lents, jusqu'à l'âge de 41 ans, c'est-à-dire pendant dix-sept années ; alors elle descendait dans le scrotum jusque devant les testicules, et formait en dehors de l'anneau une tumeur de la grosseur d'un œuf de poule.

---

(1) Comme ces observations seront reproduites dans un autre ouvrage, je me hâte de dire, pour celles-ci comme pour les suivantes, que j'ai retranché un plus ou moins grand nombre de détails, qui ne présenteraient ici qu'un intérêt médiocre.

Il y a deux ans, M. *** se décida à consulter un chirurgien, et il s'adressa à M. Sanson aîné, chirurgien de l'Hôtel-Dieu, membre de l'académie (1), qui lui conseilla de prendre un bandage de M. Verdier ; c'était en 1833.

Après un an de l'usage de ce bandage, au mois d'octobre 1834, M. *** vint également me consulter : à cette époque, sa hernie était complète et descendait de deux bons pouces en dehors de l'anneau : le bandage contenait assez bien la hernie ; mais, le bandage ôté, la hernie se reproduisait par le moindre effort de toux ; elle se reproduisait également si M. *** restait quelques momens sans porter son bandage ; la compression n'avait donc pas produit une grande amélioration : l'anneau présentait une ouverture de dix à douze lignes, le pouce y entrait facilement ; M. *** avait alors 41 ans.

Pendant six semaines je fis porter un simple bandage contentif ; vers le milieu du mois de décembre, je substituai le bandage à pelote médicamenteuse : voilà donc huit mois que M. *** le porte.

Les plus grands efforts de toux ne font point reparaître la hernie ; on ne peut engager un doigt de grosseur moyenne qu'avec difficulté, et il ne peut pénétrer au-delà de quelques lignes.

22 septembre 1835.

Quatorzième observation. — M. Canninck est âgé de 42 ans, né dans le nord, à Arras , d'une constitution assez molle, d'une profession tranquille, musicien, et ne se rappelant point de fortes maladies ; ses parens portaient-ils des hernies ? Le malade l'ignore.

En 1823, il y a près de treize années, il est survenu sans cause appréciable une petite tumeur dans le creux de l'aine du côté droit ; rien n'était alors apparent ; mais cette douleur a augmenté peu à peu, et M. Canninck ne tarda pas

---

(1) Aujourd'hui professeur de clinique à l'École de médecine.

à sentir et à voir une petite tumeur qui s'alongeait obli-
'quement de haut en bas et de dehors en dedans ; cela lui
faisait l'effet d'une prune de mirabelle.

Il prit alors un bandage à double pelote de Wickam et
Hart, qu'il ne cessa de porter jusqu'en 1827 , époque où il
essaya , dans l'espoir de guérir , un bandage américain ; la
hernie occupait alors tout le canal ; puis, la guérison n'arri-
vant pas , il fit usage en 1831 d'un bandage à pelote triangulaire et à forte pression , dû à un de nos confrères
de Paris, M. le docteur F. *** M. Canninck prétend
avoir porté ce dernier bandage, sans interruption , jusqu'à
l'époque où il vint me consulter ; il était alors, me dit-il ,
fatigué de voir la hernie augmenter au lieu de guérir ;
c'était le 16 juillet de l'année 1835 : la hernie était alors
bien caractérisée , remplissant largement le canal , qu'elle
avait considérablement dilaté , et descendant jusqu'à un
pouce en dehors de l'anneau , lorsque M. Canninck mar-
chait quelque peu sans bandage.

Le bandage à pelote médicamenteuse fut placé le 26 juillet de la même année.

Depuis long-temps il n'existe plus de hernie , et l'anneau du côté droit n'est pas plus dilaté que celui du côté
gauche ; les efforts de toux ne font pas éprouver un choc
plus sensible à droite qu'à gauche ; en un mot, la guérison
est complète.

26 janvier 1836.


J'ai choisi ces deux observations entre toutes,
parce qu'elles ont été envoyées à l'académie
royale de médecine , qui a nommé une commis-
sion pour examiner les deux faits ; parce que les
personnes qui me les ont fournies ont été exa-
minées par les commissaires ; en un mot, parce

que ces observations sont aujourd'hui incontestables.

Je pourrais citer les noms de ces commissaires, tous hommes de conscience et de talent; mais il m'a toujours répugné de mettre en avant d'autres noms que le mien, alors même qu'il ne s'agit que d'un point scientifique; je garderai le même silence à l'égard de dix-neuf de mes confrères, habitant la capitale et quelques villes départementales, qui ont eu la complaisance de m'adresser quelques malades; les uns l'ont fait par amitié pour moi : je leur en adresse ici mes remercîmens; quelques autres ont été mus par un autre sentiment, celui de l'incrédulité. Il n'en est pas un seul aujourd'hui qui puisse seulement me reprocher l'exagération.

Après avoir reconnu la vérité de la guérison, MM. les commissaires de l'académie royale de médecine n'ont pas entièrement professé la même opinion que moi : selon eux, la guérison n'est pas douteuse; mais ils croient devoir plutôt l'attribuer à la compression opérée par le bandage.

Voici ma réponse : Pendant quarante ans, j'ai traité les hernies par la compression, et les cas de guérison se sont présentés rares; depuis six ans, j'ai ajouté à cette compression l'emploi de substances médicamenteuses dans cent dix-huit cas, et j'ai obtenu cent dix-huit guérisons; je pourrais dire cent trente-deux, car quatorze personnes ont été guéries de deux hernies.

II. *Le traitement radical des hernies par les bandages à pelotes médicamenteuses est également efficace dans les hernies inguinales, crurales et ombilicales.*

Je désire éviter toute erreur dans l'énoncé de
cette proposition ; le mot *également* ne veut pas
dire que les hernies crurales et ombilicales ne
présentent pas plus de difficultés ; je suis loin de
prétendre qu'elles ne demandent pas plus de
temps : mais j'affirme que les hernies crurales et
ombilicales sont également curables par les bandages à pelotes médicamenteuses.

QUINZIÈME OBSERVATION — M^lle C*** L***, âgée de 21 ans,
d'un tempérament lymphatique, tomba d'un tilbury, le
14 juin 1832; pendant long-temps elle fut en proie à des coliques, à des douleurs d'estomac, sans savoir précisément à
quelle cause les rapporter; toutefois elle vint me voir,
avec son médecin, le 21 février 1834, et je reconnus alors
une hernie crurale du côté droit; cette hernie était peu volumineuse, rentrant facilement lorsque M^lle C*** L*** était
dans son lit; aussi n'avait-elle fait que très-peu d'attention à cette tumeur, et je ne reçus sa visite que par suite
d'une conversation avec son médecin, long-temps dé-
sespéré de l'inutilité de ses remèdes; je conseillai la cure
radicale.

Elle fut entreprise le 14 mars; j'employai le bandage
crural demi-circulaire, ( PL. V., *Fig.* 1^ere, et PL. VI,
*Fig.* III. )

Le 27 août suivant, c'est-à-dire après deux mois et demi
de traitement, la guérison était assez complète pour que je
pusse lui permettre de marcher sans bandage.

Elle ne le porte que pour monter à cheval, et jamais depuis cette époque il ne lui est survenu la moindre colique, la moindre douleur d'estomac.

Les efforts de toux, même les plus violens, ne font point reparaître l'intestin ; je puis donc regarder cette guérison comme complète.

Voilà pour la hernie crurale.

Voici maintenant un exemple de hernie ombilicale, avec hernie sus-ombilicale, parfaitement guérie par les pelotes médicamenteuses, sans qu'aucun accident soit venu interrompre le traitement.

Seizième observation. — M. J***, de Bordeaux, est âgé de 36 ans ; il est brun, fortement constitué, chargé d'embonpoint ; son ventre est très-développé et très-proéminent.

Au commencement de l'hiver de l'année 1832, M. J*** se rappelle avoir senti, sans cause connue, une douleur dont le siége était à la partie droite et supérieure de l'abdomen, à deux pouces et demi au-dessus de l'ombilic, à quinze lignes en dehors de la ligne blanche. Le lendemain, il aperçut une tumeur ovale qui pouvait, suivant ses souvenirs, présenter une longueur d'un pouce, sur une largeur de huit lignes : cette tumeur était douloureuse et donnait lieu souvent à des nausées, quelquefois même à des coliques ; la position assise la faisait reparaître aussitôt ; M. J*** était toujours obligé de se coucher pour faire rentrer la tumeur et mettre fin aux douleurs qu'il ressentait.

M. J***, fatigué de cet état, alla consulter son docteur, un des premiers chirurgiens de Bordeaux, qui lui conseilla, au mois de février 1833, de faire usage d'une ceinture : cette ceinture, mal faite, en dehors des conseils du médecin, était plus qu'insuffisante ; elle ne contenait pas la hernie, et comprimait le ventre, en sorte que la hernie sortait plus sou-

, vent, plus facilement, et présentait plus de difficultés pour la réduction.

Quand la ceinture était trop serrée, elle donnait lieu à de fréquentes envies de vomir; M. J***, qui montait souvent en diligence, ne connaissait d'autre remède que de la desserrer; deux fois cependant force lui fut de s'arrêter, en route, pour la quitter tout-à-fait; à Tours, où cet accident lui arriva pour la deuxième fois, il fit appeler un médecin, qui fit provisoirement ajouter une pelote à l'endroit de la hernie.

Le 17 octobre de la même année 1833, M. J***, conduit à Paris par ses affaires, est venu me consulter : je reconnus parfaitement la hernie dont on vient de lire l'histoire; mais alors l'aspect de la tumeur n'était plus le même; c'était une tête de champignon, de plus de cinq pouces de circonférence, située au-dessous de la peau de l'abdomen, qui faisait en cet endroit une saillie considérable.

Je reconnus en outre, au fond de l'entonnoir formé par l'ombilic, une seconde hernie beaucoup moins volumineuse; c'est tout au plus si elle présentait le volume d'un œuf : toutefois le contact en était douloureux, et je fus plus d'une heure à pouvoir la réduire, après avoir fait prendre à M. J*** la position horizontale.

Je fis aussitôt construire deux pelotes, l'une large et plate, l'autre très-convexe, peu séparées l'une de l'autre, et adaptées au même ressort par une espèce de patte en acier.

Le traitement de ces deux hernies a ainsi marché de front; la plus ancienne, la plus volumineuse, fut guérie le 23 du mois d'avril 1834; celle de l'ombilic l'était déjà depuis la fin de février, et depuis cette époque M. J*** ne portait plus qu'une pelote. Au mois d'avril il a cessé tout usage de bandage.

Depuis lors les hernies n'ont jamais reparu; il y a aujourd'hui plus de trois ans.

III. *On ne peut pas assigner de limites à la durée de la guérison obtenue par ce traitement.*

Je ne prétends pas dire qu'aucune hernie traitée par moi ne récidivera : je me contente d'énoncer un fait, c'est qu'il ne m'en a pas encore été présenté un seul cas, depuis cinq ans , sur 132 hernies qui ont été guéries. Plusieurs de ces personnes sont revenues me voir, et chez toutes j'ai reconnu absence de hernie, malgré les efforts de toux, rapprochement des parois du canal et des ouvertures, et surtout épaississement des feuillets cellulaires de la région.

Quant à la durée du traitement, on conçoit qu'il est assez difficile de la limiter *à priori;* toutefois, je puis dire que la guérison qui se soit fait attendre le plus long-temps était complète après dix-neuf mois, et que ce cas s'est présenté chez un monsieur de 68 ans, affecté de deux hernies inguinales complètes, et dont la plus ancienne remontait à 23 ans ; dans le plus grand nombre des cas, je l'ai observée du 5me au 6me mois, c'est-à-dire 73 fois sur 132 : elle a été obtenue 28 fois avant cette époque ; les 31 autres hernies ont été terminées :

6 le 7me mois. — 5 le 8me mois. — 5 le 9me mois. — 4 le 10me mois. — 7 le 12me mois. — 3 le 13me mois. — 1 le 19me.

En général, les hernies crurales et ombilicales sont moins communes que les hernies inguinales, et cela est heureux, car la forme et la position des ouvertures qui leur donnent passage ne permettent pas d'en espérer la guérison aussi facilement; toutefois, dans les cas que nous avons cités, l'on voit que le traitement le plus long a duré quatre mois pour la hernie ombilicale de la cinquième observation. La hernie crurale de la personne qui fait le sujet de la huitième observation fut complètement guérie après le 93e jour du traitement : chez M<sup>lle</sup> L*** (quinzième observation), la guérison ne s'est pas fait attendre plus de 75 jours.

Je possède six autres observations de hernies crurales, toutes guéries avant la fin du cinquième mois ; il est vrai de dire qu'elles étaient toutes simples, peu volumineuses, chez des femmes jeunes et bien portantes ; aucune ne présentait de ces complications qui se rencontrent assez fréquemment dans les hernies de ce genre.

Quant aux hernies ombilicales, j'en ai également guéri de très-anciennes et de très volumineuses, alors que j'étais loin d'espérer des résultats aussi heureux.

En résumé, toutes les hernies peuvent être guéries par l'emploi des bandages à pelotes médicamenteuses, quelle que soit la nature de la hernie, inguinale, crurale, ou ombilicale; — que la hernie soit complète ou incomplète; — qu'elle date depuis un temps plus ou moins long ; — quels que soient le sexe et l'âge de la personne qui en est affectée.

Le temps du traitement varie, suivant toutes

les différences que nous venons d'établir; mais le terme moyen a été de cinq mois et demi. — Dans aucun cas je n'ai vu de récidive.

Il n'est survenu que très-rarement de légers accidens d'inflammation, qui m'ont obligé de suspendre le traitement pendant plusieurs jours ; voilà le plus grand inconvénient qui en soit résulté : depuis quatre ans je n'ai plus observé un seul cas de ce genre.

Quant aux conséquences locales du traitement, elles sont supérieures à celles qui résultent d'une opération sanglante.

# EXPLICATION DES PLANCHES.

## PLANCHE PREMIÈRE.

La planche 1ʳᵉ représente les pelotes des bandages ombilical et inguinal dans leur application , et isolées.

Fɪɢ. 1ʳᵉ. — Bandages ombilical et inguinal appliqués à nu sur la partie antérieure du corps.
    a. a. — Bandage ombilical.
    b — Pelote médicamenteuse.
    c. c. — Double courroie terminant le ressort du bandage et venant s'attacher à la partie supérieure et inférieure de la pelote.

Fɪɢ. 2. — Pelote médicamenteuse du bandage ombilical vue par sa partie antérieure.
    1. — Branche d'acier servant à unir la pelote avec le collet du ressort.
    2. 2. — Vis d'union.
    3. 3. — Boutons auquels les courroies viennent s'attacher.
    4. — Couvercle de la cuvette dans laquelle sont introduites les substances médicamenteuses.
    5. — Boutons servant à ouvrir le couvercle de la cuvette.
    6. — Cliquet servant à le maintenir fermé.

Fɪɢ. 3. — Pelote médicamenteuse pour la hernie ombilicale, vue par sa partie postérieure.
    1. — branche d'acier servant à unir la pelote avec le collet du ressort.
    7. — Trous servant de communication entre les substances médicamenteuses contenues dans la cuvette de la pelote et la peau.

Fig. 4. — La même pelote, vue par sa partie latérale.

1. — Branche d'acier.

3. 3. — Boutons pour les courroies.

4. — Bouton pour le couvercle.

5. — Cliquet.

Fig. 1re. — d. d. d. d. — Bandage inguinal appliqué sur l'aine du côté droit.

e. — Pelote médicamenteuse pour la hernie inguinale.

i. i. — Collet du bandage.

k. — Union de l'extrémité ou collet du ressort avec la partie supérieure et extérieure de la pelote .

Fig. 5. — Pelote de la figure précédente, représentée en dehors de son application.

1. — Collet du bandage auquel la pelote est attachée par le moyen de deux vis.

2..2. — Double vis d'union.

4. — Couvercle à charnière de la cuvette dans laquelle sont introduites les substances médicamenteuses.

5. — Bouton servant à ouvrir le couvercle.

Dans cette pelote, c'est à ce bouton que vient s'attacher la courroie.

6. — Cliquet servant à maintenir le couvercle fermé.

f. — Base de la pelote.

g. — Côté interne.

h. — Côté externe.

i. — Sommet de la pelote.

j. — Angle interne.

k. — Angle externe.

Fig. 6, et 7. — La même pelote dans des dimensions différentes.

Fig. 8. — Même pelote, vue de profil.

k. — Angle externe et supérieur.

i. — Angle externe et inférieur. *Sommet*, *pointe* de la pelote.

3. — Bouton auquel vient s'attacher la courroie.

5. — Bouton servant à ouvrir le couvercle.

6. — Cliquet.

7. — Trous servant de communication entre les substances médicamenteuses contenues daus la cuvette
de la pelote et la peau.

Fig. 9. — Même figure dans une plus petite dimension.

Fig. 10, 11 et 12. — Même pelote, vue par sa partie postérieure.
7. — Trous de communication.

### PLANCHE 2.

La planche 2 représente les bandages précédens, inguinal et
ombilical, vus dans leur application sur la partie postérieure du
corps.

a. a. a. a. — Bandage ombilical appliqué sur les lombes et au dessus des hanches.

d. d. d. d. — Bandage inguinal appliqué au dessus des
grands trochanters et sur la base du sacrum.

Fig. 2. — Ressort d'un bandage inguinal circulaire vu dans ses
trois cinquièmes postérieurs, directement d'avant
en arrière, et ouvert comme s'il était appliqué.

a. — Section du ressort à son 1er cinquième du côté du
collet.

b. — Section du ressort à son dernier cinquième du
côté de la queue.

d. — Partie plus évasée correspondant aux lombes,
pour mieux s'adapter à la forme de cette région.

Fig. 3. — Bandage ombilical ouvert et vu de haut en bas et
d'avant en arrière.

a. a. a. a. — Ressort du bandage.

1. — Branche d'acier servant à unir la pelote avec le
collet du ressort.

3. — Boutons d'attache.

5. — Cliquet servant à maintenir fermé le couvercle.

### PLANCHE 3.

La planche 3 représente le bandage inguinal demi-corps,
1° appliqué et 2° isolé, mais les deux branches ouvertes comme
s'il était appliqué.

Fig. 1re. — Bandage inguinal demi-corps appliqué.

1. 1. 1. 1. — Moitié antérieure des deux ressorts.

2. 2. — Collet des ressorts, leur union avec la pelote
médicamenteuse au moyen de

3. 3. — Deux vis.

4. 4. — Courroie venant de l'angle supérieur et intérieur de la pelote de la branche gauche s'attacher
au bouton de la pelote de la branche droite.

5. 5. — Les deux pelotes ; celle du côté droit est plus
forte que celle du côté gauche.

6. 6. — Cuvettes des pelotes.

7. 7. — Boutons.

8. 8. — Cliquets.

Fig. 2. — Bandage inguinal demi-corps, ouvert comme s'il
était appliqué.

Les mêmes chiffres indiquent les mêmes objets que
dans la figure 1re.

9. 9. — Moitié postérieure des ressorts.

10. 10. — Queue de ressorts.

11. 11. — Trous pour une boucle et une courroie
d'attache.

Fig. 3. — Pelote médicamenteuse du bandage inguinal vue
par sa partie antérieure avec le couvercle de sa cuvette levé. — On peut voir ainsi la disposition intérieure de la cuvette, avec les trous de communication.

f. — Côté supérieur de la pelote.

g. — Côté interne.

h. — Côté externe.

i. — Angle inférieur ou sommet de la pelote.

j. — Angle interne.

k. — Angle externe.

o. — Couvercle à charnière levé pour laisser voir l'intérieur de la cuvette dans laquelle sont introduites
les substances médicamenteuses.

p. — Cliquet servant à maintenir fermé le couvercle o,
lorsque les substances médicamenteuses sont dans
la cuvette.

Fig. 4. — Même pelote vue par son côté postérieur.

r. — Trous de communication.

## PLANCHE 4.

La planche 4 représente le bandage inguinal circulaire à deux pelotes.

Celui de la planche précédente, que j'appelle bandage inguinal demi-corps, doit être préféré lorsque les deux hernies sont assez fortes : le bandage circulaire à deux pelotes convient mieux dans les cas où l'une des deux hernies est très forte et l'autre faible.

Fig. 1re. — Bandage inguinal circulaire à deux pelotes appliqué.

1. 1. 1. 1. — Cinquièmes antérieurs des côtés droit et gauche du ressort circulaire.

2. 2. — Vis d'union servant à unir les pelotes avec le double collet du ressort circulaire.

3. 3. — Boutons des couvercles auxquels vient s'attacher la courroie d'union des deux pelotes.

Fig. 2. — Courroie des bandages précédens, vue de profil.

a. a. — Partie cintrée de la courroie pour s'adapter à la forme saillante du pubis.

Fig. 3. — Le bandage de la figure 1re ouvert comme s'il était appliqué et vu d'avant en arrière et un peu de haut en bas.

3. 3. — Boutons pour la courroie.

## PLANCHE 5.

La planche 5 représente 1° un bandage crural simple appliqué et 2° un bandage crural double demi-corps.

Fig. 1re. — Bandage crural simple appliqué.

a. a. — 1er cinquième du bandage, appliqué sur le grand trochanter, comme le bandage inguinal.

b. — Collet contourné de manière à descendre plus bas que dans le bandage inguinal.

d. — Pelote pour le bandage crural. Cette pelote, d'une forme plus oblongue que triangulaire, est dirigée plus en bas et en dehors que celle du bandage inguinal ; elle est aussi moins large.

Fig. 2. Bandage crural double demi-corps, vu de côté.

    1. 1. — Pelotes.

    2. 2. — Collet du ressort. Le collet est ici plus court et dirigé plus en bas que celui du bandage inguinal demi-corps , Pl. 3.

    3. 3. — Ressort. Le ressort est ici plus ouvert que celui de la planche 3 , pour s'adapter à la conformation des hanches de la femme, chez qui les hernies crurales se rencontrent plus fréquemment que chez l'homme.

    4. 4. — Queue du ressort élargie.

    5. — Boucle s'attachant à la queue de l'une des branches du bandage demi-corps.

    6. — Courroie d'attache , entre les queues des deux branches.

### PLANCHE 6.

La planche 6 représente trois ressorts pour adulte et un quatrième pour un enfant, ouverts comme s'ils étaient appliqués, et vus directement d'avant en arrière et de haut en bas.

Fig. 1. — Bandage inguinal circulaire pour adulte.

Fig. 2. — Bandage inguinal demi-circulaire pour adulte.

Fig. 3. — Bandage crural pour adulte.

Fig. 4. — Bandage inguinal circulaire pour enfant.

FIN.

Imprimerie de Félix MALTESTE et Cie, rue Traînée, Nos 15 et 17.

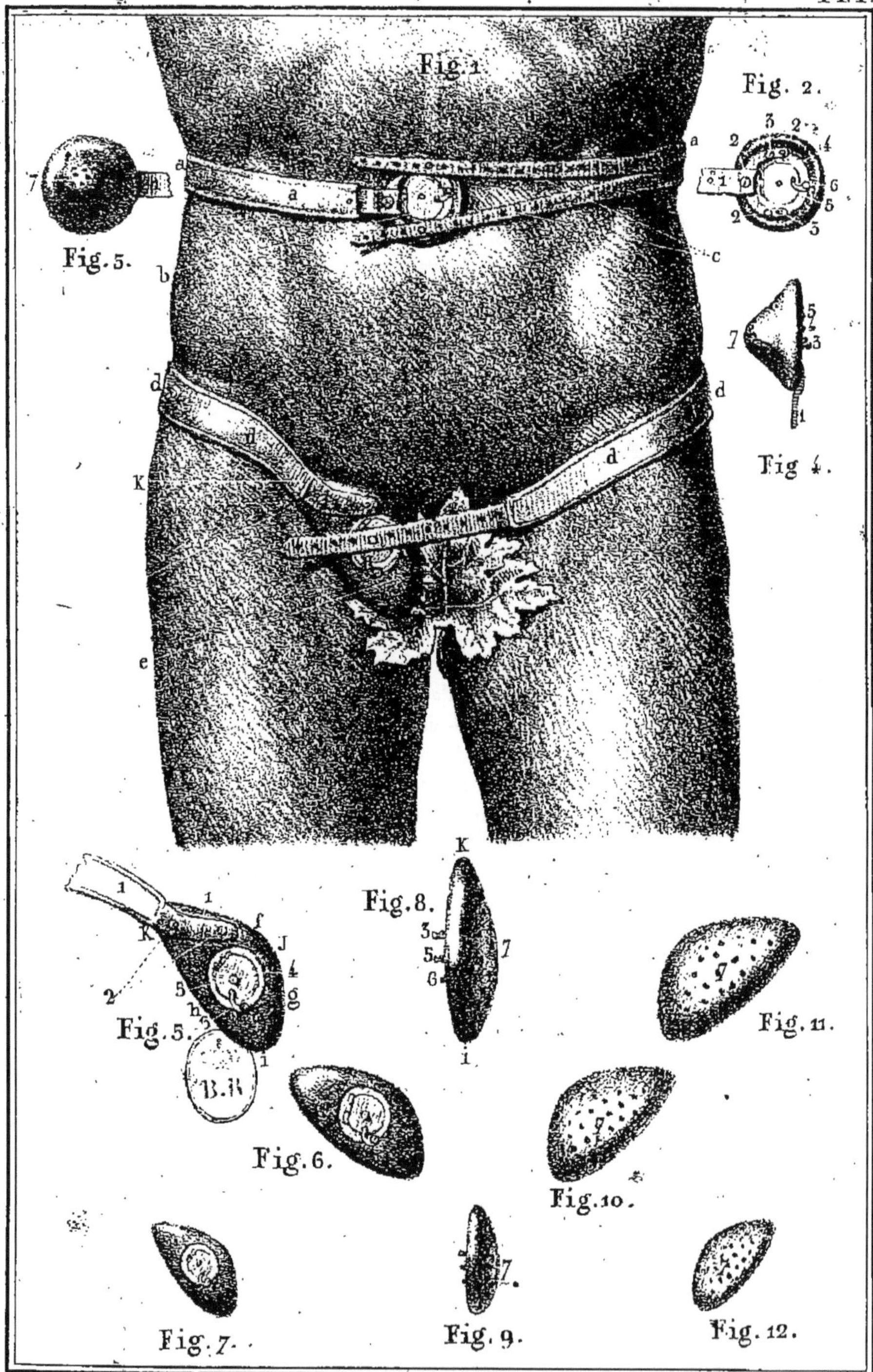


Lith: de Fourquemin, 17, r. du Four St Gn.

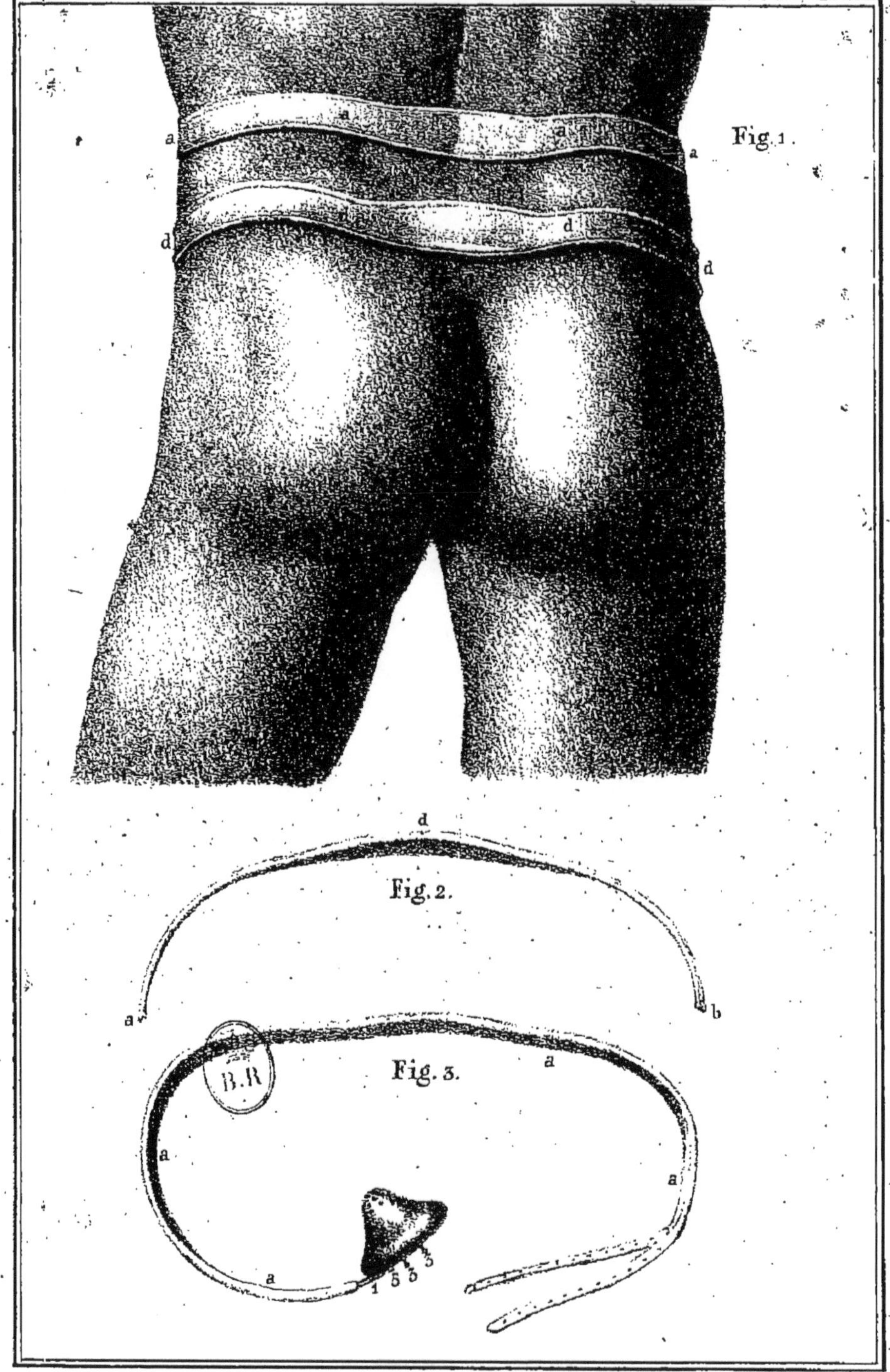
Fig.1.
a
a
a
a
d
d
d
d
Fig.2.
d
a
b
Fig.3.
d
a
a
B.R
a
a
a
1 5 5 5

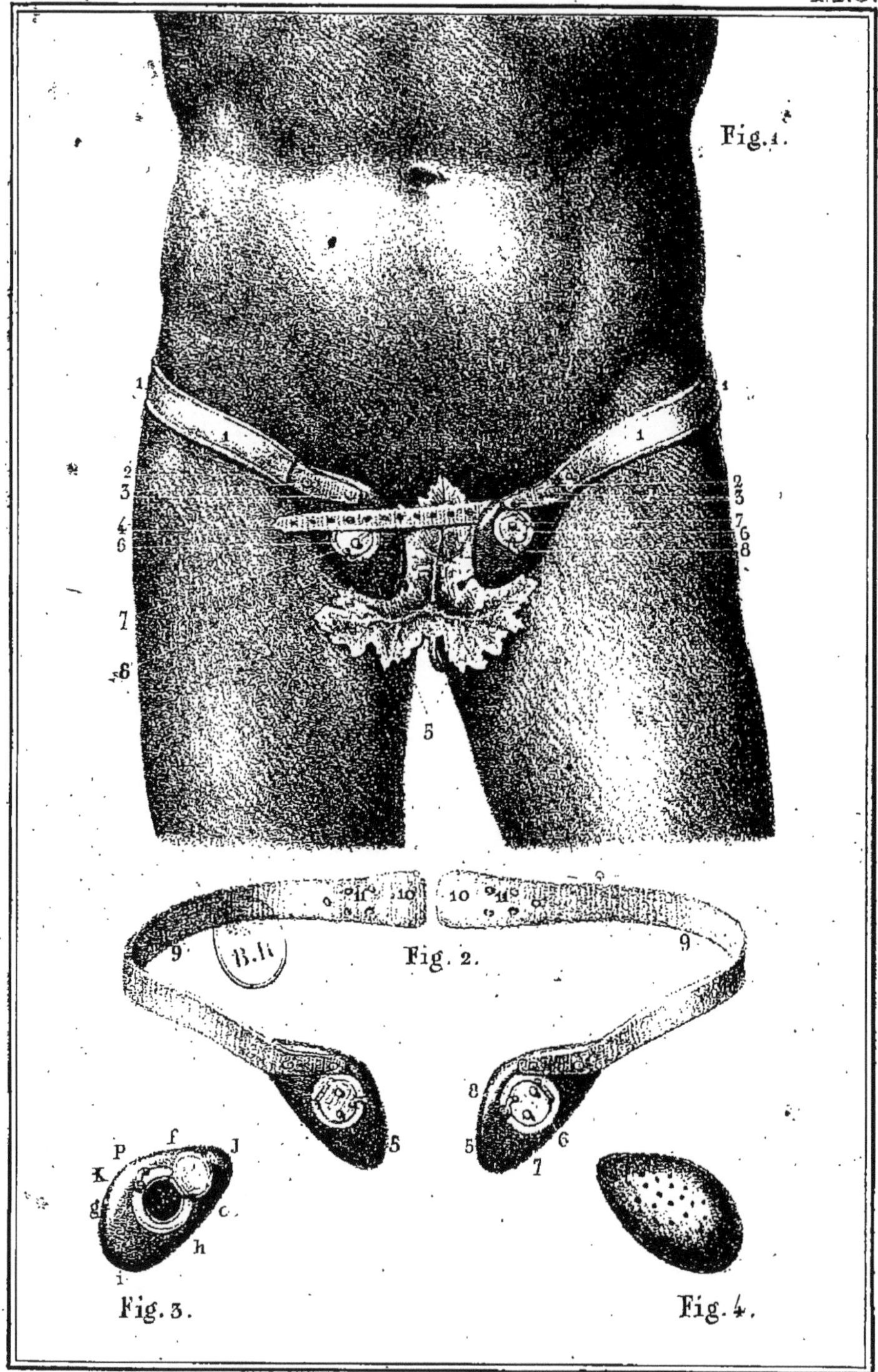
Fig.1.
Fig. 2.
B.h.
Fig. 3.
Fig. 4.

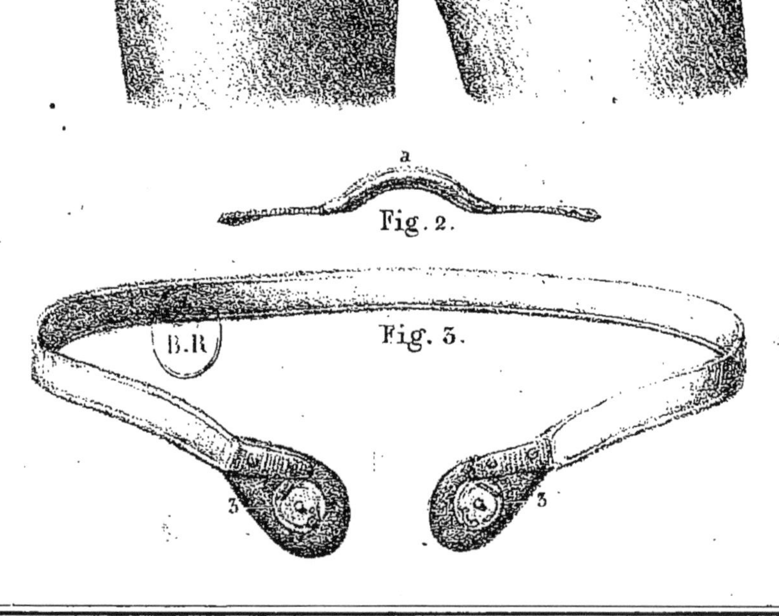

Fig. 1.
a
Fig. 2.
B.R
Fig. 3.

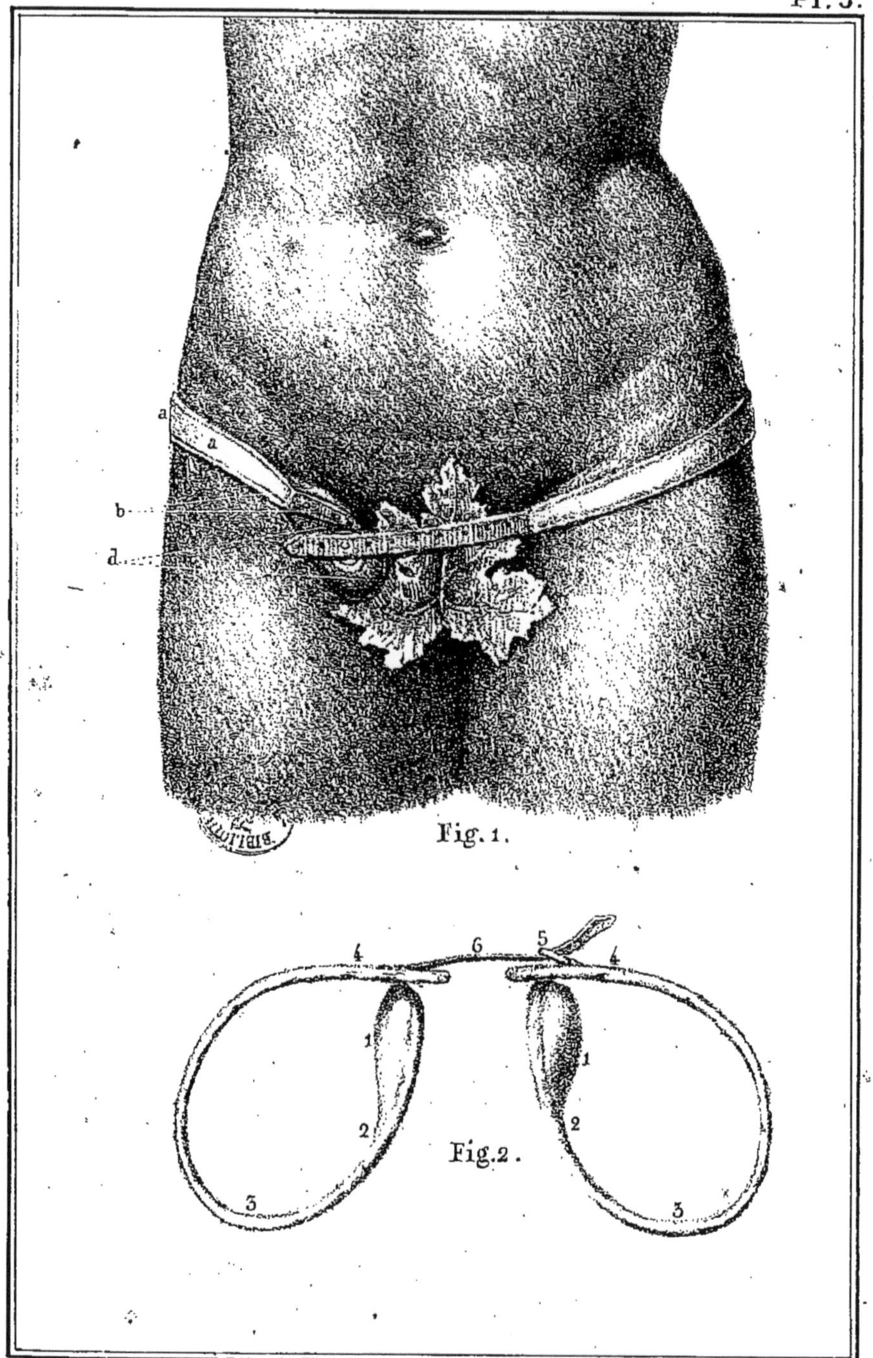
a
a
b
d
Fig. 1.
4
6
5
4
1
1
2
2
3
3
Fig. 2.

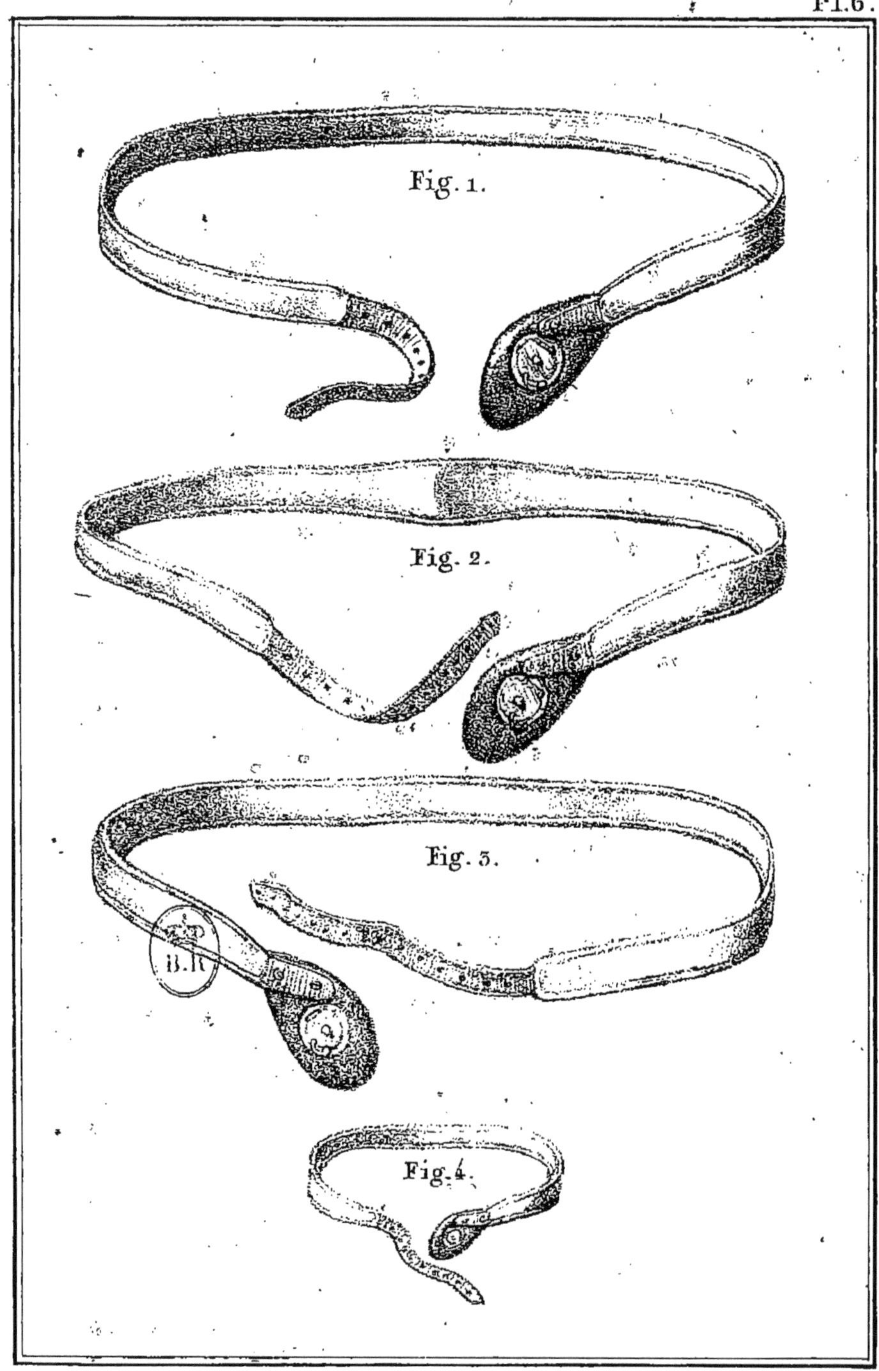
Fig. 1.
Fig. 2.
Fig. 3.
Fig. 4.

www.ingramcontent.com/pod-product-compliance
Ingram Content Group UK Ltd.
Pitfield, Milton Keynes, MK11 3LW, UK
UKHW022133070726
13613UKWH00003B/1338